COLLECTION

DE

M. BÉCHEREL

OBJETS D'ART

TABLEAUX

GOUACHES ET DESSINS

IMPRIMÉ PAR PILLET ET DUMOULIN

RUE DES GRANDS-AUGUSTINS, 5, A PARIS.

CATALOGUE

DES

OBJETS D'ART

DES XVe, XVIe, XVIIe ET XVIIIe SIÈCLES

Bronzes; Bois sculptés; Faïences; Verrerie;
Jolie terre cuite de Clodion ; Meubles Louis XV et Louis XVI;
Porcelaines ; Bronzes ; Objets divers.

TABLEAUX, DESSINS, GOUACHES

PRINCIPALEMENT DE L'ÉCOLE FRANCAISE DU XVIIIe SIÈCLE

TABLEAUX GOTHIQUES

QUELQUES TABLEAUX MODERNES

BELLES TAPISSERIES

Dépendant de la Collection de M. BÉCHEREL

ET DONT LA VENTE AURA LIEU POUR CAUSE DE DÉPART

HOTEL DROUOT, SALLES Nos 8 ET 9

Les Lundi 26, Mardi 27 et Mercredi 28 Novembre 1883,

A deux heures précises.

COMMISSAIRE-PRISEUR

Me PAUL CHEVALLIER, Successeur de M. CH. PILLET

10, rue de la Grange-Batelière.

EXPERTS

Pour les Objets d'Art	*Pour les Tableaux et Dessins*
M. CHARLES MANNHEIM,	MM. CH. GEORGE et B. LASQUIN
7, rue Saint-Georges.	12, rue Laffitte.

Chez lesquels se trouve le présent Catalogue.

EXPOSITIONS

PARTICULIÈRE	PUBLIQUE
Le Samedi 24 Novembre 1883,	*Le Dimanche 25 Novembre 1883,*

De une heure à cinq heures.

CONDITIONS DE LA VENTE

La vente sera faite au comptant.

Les acquéreurs payeront cinq pour cent en sus des en-
chères.

L'exposition mettant le public à même de se rendre
compte de l'état des objets, il ne sera admis aucune récla-
mation une fois l'adjudication prononcée.

Paris. — Typ. Pillet et Dumoulin, 5, rue des Grands-Augustins.

ORDRE DES VACATIONS*

** N. B. — L'ordre numérique ne sera pas suivi.*

TABLEAUX

ANCIENS ET MODERNES

DÉSIGNATION

TABLEAUX

XVIIe ET XVIIIe SIÈCLES

BERRÉ

1 — *La Petite vachère*

Bois. Haut. 24 cent. Larg., 31 cent.

BERKHEYDEN (Job)

2 — *Sculpteur et sa famille dans un atelier.*

Toile. Haut., 46 cent. Larg., 60 cent.

BOUCHER

3 — *Les Lavandières.*

Une jeune villageoise coquettement attifée, un panier au bras et tenant un pichet, s'est arrêtée auprès d'une lavandière qui trempe son linge dans un cours d'eau.

Toile. Haut., 48 cent. Larg., 38 cent.

BOUCHER (Attribué à)

4 — *Le Moulin de Charenton.*

Composition gravée par Lebas.

Toile. Haut., 33 cent. Larg., 41 cent.

BOUCHER (École de)

5 — *Neptune et Amphitrite.*

Le dieu des eaux et Amphitrite sont entourés de naïades, de tritons, et d'hippocampes.

Très jolie composition traitée en esquisse.

Bois. Haut., 56 cent. Larg., 1.00.

BOUCHER (École de)

6 — *Allégorie de la peinture.*

Esquisse.

Toile. Haut., 27 cent. Larg., 35 cent.

BREYDEL (Le Chevalier)

7 — *Une Bataille.*

Bois. Haut., 9 1/2 cent. Larg., 12 1/2 cent.

CANALETTI

8 — *Vue de la place Saint-Jean, Saint-Paul à Venise.*

Haut. oo. Larg. oo.

CANALETTI (Attribué à)

9 — *Vue de Venise.*

Le pont de la Paille, le palais des Doges et la Piazzetta.

Toile. Haut. 17 cent. Larg., 27 cent.

CHARPENTIER

10 — *La Rentrée au logis.*

Une jeune femme et ses quatre enfants se précipitent à la rencontre du chef de la famille.
Esquisse.

Bois. Haut., 3o cent. Larg , 14.

CUYP (Attribué à ALBERT)

11 — *Troupeau de vaches au bord d'une rivière.*

Toile. Haut., 49 cent. Larg., 3g cent.

DE MACHY

12 — *Vue de l'ancien parc de Bercy.*

Toile. Haut., 44 cent. Larg., 64 cent

DROLLING

13 — *La Becquée aux moineaux.*

Un jeune villageois assis à la porte d'une habitation

tient un nid, pendant qu'une jeune paysanne assise à ses côtés donne la becquée aux petits oiseaux.

Scène naïve peinte dans le sentiment de Fragonard.

Toile. Haut., 45 cent. Larg., 36 cent.

DROUAIS (Attribué à)

14 — *Portrait de jeune femme.*

De trois quarts, cheveux frisés et poudrés. Les épaules couvertes d'un manteau de bal en soie bleue et doublé de fourrure.

Toile ovale. Haut., 55. Larg., 48 cent.

ÉCOLE FRANÇAISE (XVIIIᵉ SIÈCLE)

15 — *Le Repos du modèle.*

16 — *Le Déjeuner du modèle.*

Deux scènes galantes, aimables spécimens de l'un de nos petits maîtres de la fin du XVIIIᵉ siècle.

Cadres sculptés.

Bois. Haut., 22 cent. Larg., 18 cent.

ÉCOLE FRANÇAISE (XVIIIᵉ SIÈCLE)

17 — *La Déclaration.*

18 — *Le tendre abandon.*

Ces deux compositions d'un coloris fort aimable rappellent les œuvres de Lavreince à qui elles nous semblent devoir être attribuées.

Bois. Haut., 28 cent. Larg., 20 cent.

ÉCOLE FRANÇAISE (XVIIIᵉ SIÈCLE)

19 — *Pan et Syrinx.*

Grisaille imitant un bas-relief.
Cadre Louis XVI sculpté.

Toile ovale. Haut., 46 cent. Larg., 37 cent.

ÉCOLE FRANÇAISE (XVIIIᵉ SIÈCLE)

20 — *Parc avec pièce d'eau et fontaine jaillissante.*

Bois. Haut., 23 cent. Larg., 3o cent.

FRAGONARD (H.)

21 — *Le Feu aux poudres.*

Charmante peinture brossée avec beaucoup de verve.

Toile ovale. Haut., 38 cent. Larg., 45 cent.

FRAGONARD (H.)

22 — *Le Temple de Cythère.*

Sur la terrasse d'un parc, à quelque distance d'un temple circulaire à colonnes, deux amoureux sont étendus sur le gazon ; la jeune fille étend la main vers un essaim de petits cupidons se jouant dans les nues au milieu de guirlandes de fleurs.

Collection Walferdin.

Cadre en bois sculpté.

Toile. Haut., 48 cent. Larg., 41 cent.

VAN GORP

23 — *La Dénicheuse d'oiseaux.*

Toile. Haut., 32 cent. Larg., 24 cent.

GREUZE

24 — *Portrait du conventionnel Gensonné.*

En buste, de trois quarts, cravate et gilet blancs, habit à collet relevé.

Ce portrait présente quelque analogie avec celui de la galerie La Caze.

Toile.. Haut., 43 cent. Larg., 34 cent.

GREUZE (Attribué à)

25 — *La Rêveuse.*

Les regards langoureusement levés vers le ciel, les cheveux soulevés par la brise. Sa chemisette glisse de l'épaule et découvre la gorge.

Toile. Haut. 46 cent. Larg., 38 cent.

JANSSENS

26 — *Portraits d'un gentilhomme et d'une jeune dame.*

En costume Louis XIII représentés avec des attributs (Louis XIII et Mlle de Lafayette).

Grisaille. Bois Haut., 34 cent. Larg., 28 cent.

LEDOUX (Attribué à Mlle PHILIBERTE)

27 — *Jeune fille, en buste.*

Les regards levés vers le ciel, les cheveux tressés. Corsage rouge décolleté.

> Toile marouflée. Haut. 45 cent. Larg. 36 cent.

LEMOINE

28 — *Thétis ordonne à l'Amour de verser de l'eau du Styx sur la tête d'Achille pour le rendre invulnérable.*

> Toile. Haut. 41 cent. Larg. 32 cent.

LE PRINCE (J. B.)

29 — *L'Oiseau apprivoisé.*

Une jeune femme en robe de soie à fleurs est assise auprès d'une fenêtre, devant une table supportant une serinette et une cage. Elle a sur les genoux un tambour à broder sur lequelle s'est posé un oiseau apprivoisé.

Devant elle un petit épagneul couché sur un tabouret. Signé Le Prince 1766.

> Toile. Haut. 41 cent. Larg. 34 cent.

LE PRINCE (J. B.)

3o — *Pendant du précédent.*

Une jeune femme représentée en pied, en robe rose, est assise auprès d'une table sur laquelle est posée une corbeille de fleurs.

Elle tient de la main droite un cahier ouvert sur ses genoux, et de l'autre un petit bouquet de fleurs.

Sa guitare posée à terre est appuyée contre un tabouret et se perd à demi dans les plis d'un grand rideau jaune drapé au fond de la pièce.

Toile. Haut. 40 cent. Larg., 32 cent.

LOO (Van)

3i — *Portrait de Louis XV, jeune.*

Représenté en pied, revêtu de la cuirasse et ceint de l'écharpe blanche, la main droite appuyée sur un bâton de commandement. Il porte les insignes de l'Ordre du Saint-Esprit.

Bois. Haut. 5o cent. Larg. 34 cent.

LOO (Attribué à van)

3i — *Portrait présumé de Mozart jeune.*

Représenté à mi-corps tourné à droite et jouant du clavecin.

Il est vêtu d'un habit bleu de ciel garni de dentelles.

Toile. Haut. 64 cent. Larg. 52 cent.

MOREAU (LOUIS)

33 — *Le Donjon*,

Au premier plan un plateau coupé par un chemin, près d'un poteau indicateur, à droite deux chaumières à demi cachées par des haies. Au loin dans la plaine, éclairée par un rayon de soleil, émerge le donjon d'un château.

Joli tableau d'une grande finesse de coloris, signé des initiales.

Bois. Haut. 19 cent. Larg. 38 cent.

MOREAU LE JEUNE (Attribué à)

34 — *Le Bassin aux cygnes*.

Un groupe de promeneurs s'est arrêté devant un bassin avec fontaine surmontée d'une statue.

Cadre ancien en bois sculpté.

Toile ovale. Haut. 21 cent. Larg. 16 cent.

MOREAU Le Jeune (Attribué à)

35 — *La Fête du Seigneur.*

La Fête du village.

Deux petites esquisses dans le même cadre.

Toile. Haut. 15 cent. Larg. 11 cent.

NATTIER (d'après)

36 — *Portrait de Marie Leczinska.*

Peinture sur verre d'une exécution très soignée.

Haut. 34 cent. Larg. 29 cent.

NEER (Attribué à Van der)

37 — *Canal de Hollande.*

Clair de lune.

Bois. Haut. 34 cent. Larg. 48 cent.

PATER

38 — *Baigneuse surprise par des faunes.*

Une jeune fille, les jambes nues, au bord d'un cours d'eau, est surpris par deux faunes dont l'un tient une flûte de Pan.

Toile. Haut. 21 cent. Larg. 27 cent.

PILLEMENT

3g — *Bestiaux au paturage.*

Toile. Haut. 15 1/2 cent, Larg. 19 cent.

POELEMBURG

40 — *Paysage avec baigneuses.*

Bois Haut. 16 cent. Larg. 24 cent.

ROBERT (Hubert)

41 — *Intérieur de ferme.*

Dans une vaste pièce servant de grange, le fermier et

la fermière qui tient un enfant à la mamelle sont attablé auprès de la porte dont le vantail supérieur ouvert laisse pénétrer le jour.

A gauche, une servante s'occupe aux travaux de la lessive; plus loin, un homme et deux femmes dans un couloir. Sur la soupente une vieille femme étend une couverture et un drap.

Coloration argentée, exécution spirituelle.

Bois. Haut. 37 cent. Larg. 46 cent.

ROTTENHAMER

42 — *Les Vertus théologales.*

Un ange, vêtu d'une robe verte et portant la palme du martyr, pose une couronne de lauriers sur la tête de la figure principale représentant la Charité.

Cadre italien en bois sculpté.

Bois. Haut. 40 cent. Larg. 29 cent

SARRAZIN

43 — *Tour au bord d'une rivière.*

Bois. Haut. 13 cent. Larg. 25 cent.

SCHALL (Attribué à)

44 — *L'Indiscret.*

Cette peinture présente quelque variante avec la composition si connue par la gravure de Chapronnier.

Bois. Haut. 35 cent. Larg. 43 cent.

45 — *La Surprise.*

Deux amoureux étendus sur l'herbe près d'un bois semblent effrayés par l'approche de quelque importun.

Bois. Haut. 18 cent. Larg. 16 cent.

TÉNIERS (Attribué à)

46 — *Le Tir à l'arc.*

Sur la route auprès des maisons, huit villageois se récréent au jeu de l'arc.

Cadre ancien.

Cuivre. Haut. 20 1/2. cent. Larg. 28 1/2 cent.

TRINQUESSE

47 — *Portrait de jeune femme.*

Etendue sur un lit de repos, vêtue d'une robe bleue garnie de fourrure, elle tient un livre de la main droite et est accoudée sur un coussin.

Gracieux tableau signé en toutes lettres et daté de 1769.

Toile. Haut. 97 cent. Larg. 80 cent

VALLAYER COSTER (Mlle)

48 — *Faunesse et enfants bacchants.*

Peinture en grisaille imitant un bas-relief, signée et datée 1773.

Toile. Haut. 16 1/2 cent. Larg. 29 cent.

WATTEAU DE LILLE (Louis)

49 — *Le Fantassin en goguette.*

Jolie scène de quatre figures à l'entrée d'un cabaret. Signé et daté, L. Watteau, 1781.

50 — *Le Coup de l'étrier.*

Une servante, courtisée par un dragon qui lui parle à l'oreille, verse à boire à un deuxième dragon à cheval.
Signé et daté comme le précédent: L. Watteau, 1781.

Bois. Haut. 26 cent. Larg. 19 cent.

DESSINS ANCIENS

GOUACHES, PASTELS

BAUDOIN

51 — *Le Fruit de l'amour secret.*

Gouache.

Haut. 00. Larg. 00.

BLARENBERGHE (Van)

52 — *La Veillée au village.*

53 — *Intérieur rustique.*

Deux jolies compositions signées au bistre rehaussé de blanc.

Haut. 23 1/2 cent. Larg. 36 1/2 cent.

BOUCHER

54 — *Jeune fille de profil, tournée à droite, la tête jetée en arrière, un bouquet de roses à son corsage.*

Joli dessin aux crayons de couleurs.

Haut. 21 cent. Larg. 16.

BOUCHER

55 — *Le Colin Maillard.*

Pastel sur parchemin.
Sujet gravé.

Haut. 40 cent. Larg. 49 cent.

BOUCHER

56 — *Le Retour des champs.*

57 — *La Cuisine villageoise.*

Deux jolis dessins gouachés.

Haut. 45 cent. Larg. 30.

BREUGHEL (Le vieux)

58 — *Le Baudet rétif*

Aquarelle.

Haut. 18 cent. Larg. 26.

CHARLIER

59 — *La Toilette.*

Dans un élégant boudoir, une jeune femme nue debout devant la glace, le genou droit sur un canapé, prend sur la toilette un rang de perles pour le placer dans sa coiffure.

Gouache.

Haut. 41 cent. Larg. 32.

DEBUCOURT (Attribué à)

60 — *Réunion dans le parc.*

Une dizaine de personnes élégantes en costumes Louis XVI, hommes, femmes et enfants, sont arrêtés dans une allée au pied d'une statue.

Gouache.

Haut. 22 cent. Larg. 17 1/2 cent.

DEBUCOURT

61 — *La Promenade publique.*

Gravure en couleurs.

EISEN

62 — *La Conversation galante.*

Un berger et une bergère sont assis sur un tertre au pied d'un arbre derrière lequel apparaît la tête malicieuse d'un enfant. Devant eux un chien.

Gouache dans un cadre ancien en bois sculpté.

Haut. 9 1/2 cent. 16 1/2 cent.

ÉCOLE FRANÇAISE (XVIIIᵉ SIÈCLE)

63 — *Deux Gouaches en pendant.*

Le moulin à eau et le pigonnier.

Haut. 20 1/2 cent. Larg. 27 cent,

ÉCOLE FRANÇAISE

64 — *Jeune femme en buste, en robe de soie rayée bleu à corsage décolleté.*

Pastel ovale.

Haut. 58 cent. Larg. 48 cent.

ÉCOLE FRANÇAISE

65 — *Pastorale*.

Gouache.

Haut. 21 cent. Larg. 17 cent.

ÉCOLE FRANÇAISE

66 — *Ferme près d'une rivière*.

Dessin lavé d'aquarelle.

Haut. 21 cent. Larg. 28 cent.

ÉCOLE FRANÇAISE

67 — *Portrait présumé de Louise-Adélaïde de Bourbon*.

Pastel.

Haut. 45 cent. Larg. 37 cent.

FRAGONARD (H.)

68 — *Allée de parc traversée par un pont*.

Au premier plan, des jeunes femmes et un jardinier poussant une brouette.

Gouache.

Haut. 21 cent. Larg. 29 cent.

FRAGONARD (H.)

69 — *Parc avec terrasses, décoré de statues et de vases de fleurs.*

Gouache.

Haut. 21 cent Larg. 29 cent.

FRAGONARD (H.)

70 — *Le Départ pour la promenade.*

Une jeune femme et un enfant sont montés sur un cheval chargé d'un bât.

Dessin à la sépia provenant de la collection Walferdin.
Cadre ancien en bois sculpté.

Haut. 23 1/2 cent. Larg. 17 112 cent.

FRAGONARD (H.j

71 — *Le parc du petit Trianon animé de figures.*

Aquarelle.

Haut. 20 cent. Larg. 31 cent.

FRAGONARD (Genre de)

72 — *Colin Maillard.*

Pastel ovale.

Haut. 36 cent. Larg. 3o cent.

GUDIN (Th.) 1848

73 — *Navire en pleine mer.*

Belle aquarelle.

Haut. 26 1/2 cent Larg. 36 cent.

HUET

74 — *Pastorale enfantine.*

Petite peinture à l'huile sur une plaque d'argent de forme ovale.

LAER (P., dit LE BAMBOCHI)

75 — *Ruines du Colisée.*

Gouache.

Collection de Carlo Degli Occhiali de Rome.

Haut. 18 cent. Larg. 23 cent,

LAVREINCE

76 — *L'Oiseau envolé.*

Gouache.

Haut. oo. Larg. oo.

LE PRINCE

77 — *La Danse, scène orientale.*

Aquarelle.

Haut. 31 cent. Larg. 24.

LESUEUR (L.) 1787

78 — *Moulin à eau près d'un pont.*

Gouache signée et datée.

Haut. 31 cent. Larg. 45 cent.

MONGIN

79 — *Fontaine dans un bois.*

Gouache.

Cette pièce porte une signature apocryphe de De Machy.

Haut. 22 cent. Larg. 29 cent.

8o — *Pendant du précédent.*

Intérieur du parc de Marly où se trouvaient les statues de Coustou placées aujourd'hui sur la place de la Concorde.

Haut. 22 cent. Larg. 29 cent.

MOREAU (Louis)

81 — *Paysage avec rivière traversée par un pont à deux arches.*

82 — *Le Moulin à eau.*

Deux pendants.
Gouaches.

Haut. 25 cent. Larg. 33 cent.

NORBLIN

83 — *Villa et parc dans un site accidenté, animé de figures.*

Grand dessin rehaussé d'aquarelle, cadre Louis XVI.

Haut. 5o cent. Larg. 76 cent.

2

PANINI

84 — *Intérieur de la galerie de tableaux du cardinal de Polignac.*

Le cardinal est assis au centre de la composition, entouré de groupes d'artistes et de visiteurs.

Important dessin à la plume et au lavis.

Haut. 34 1/2 cent. Larg. 41 1/2.

PATER (Attribué à)

85 — *La Redevance.*

Gouache.

Haut. 30 cent. Larg. 40 cent.

PÉRIGNON

86 — *Vue du pont royal et des Tuileries.*

Gouache datée 1773.

Haut. 16 cant. Larg. 24 cent.

PILLEMENT

87 — *Paysage avec chaumières animé de figures*
Pastel.

Haut. 51 cent. Larg. 39 cent.

PILLEMENT

88 — *Scènes chinoises sous des kiosques.*

Deux jolis dessins au crayon noir dans un encadrement rocaille en bois sculpté.

Haut. 25 cent. Larg. 34 cent.

ROSALBA (Attribué à)

89 — *Jeune fille respirant une fleur.*
Pastel.

Haut. 44 cent. Larg. 36 cent.

SAINT-AUBIN

90 — *La Saisie.*

Le commissaire suivi de la maréchaussée pénètre dans l'appartement démeublé d'un jeune prodigue qui leur montre d'un air gouailleur l'inscription suivante à la place de la glace absente au-dessus de la cheminée :

> Créanciers, maudites canailles,
> Huissiers, commissaires et recors,
> Vous auriez bien le diable au corps
> Si vous emportiez les murailles.

Dessin important aux crayons de couleurs, rehaussé d'aquarelle.

Cadre ancien en bois sculpté.

Haut. 44 cent. Larg. 32 cent.

RIGAUD (H.)

91 — *Portrait du duc de Choiseul.*

Aquarelle.
Cadre ancien fleurdelisé.

Haut. 42 cent. Larg. 34 cent.

TRINQUESSE

92 — *La Lettre.*

Une jeune femme debout, vue de trois quarts, vêtue d'une robe rose et d'une mantille noire et coiffée d'un chapeau à plumes, est arrêtée dans un parc et lit une lettre.

Aquarelle.

Haut. 34 1/2 cent. Larg. 20 1/2. cent.

WOCHER

93 — *Quinze petits paysages de forme ronde.*

A l'encre de Chine; plusieurs sont signés.

PEINTURES GOTHIQUES

ET DES XVe ET XVIe SIÈCLES

BREUGHEL (D'ENFER)

94 — *Tentation de saint Antoine.*

Scène fantastique dans un paysage avec habitations en flammes.

Bois. Haut. 45 cent. Larg. 68 cent.

BREUGHEL (DE VELOURS)

95 — *Le Moulin à vent.*

Cuivre. Haut. 10 1/2 cent. Larg. 15 1/2.

CARPACCIO (Vittore)

96 — *Bergers recueillant un enfant. Site acci-denté.*

97 — *Composition analogue à la précédente.*

Bois. Haut. 45 cent. Larg. 65 cent.

CIMABUE (École de)

98 — *La Vierge et l'enfant Jésus.*

Peinture sur fond doré.

Haut. 51 cent. Larg. 35 cent.

CRANACH

99 — *Sujet allégorique, représenté par plu-sieurs femmes accompagnées d'enfants, et quatre personnages nus combattant.*

Bois. Haut. 50 cent. Larg. 34 cent.

ÉCOLE ALLEMANDE (xvi⁰ siècle)

100 — *La Vierge en prière et saint Jean entourés
par les Pères de l'Eglise.*

Panneau. Haut. 28 cent. Larg. 1 10.

ÉCOLE DE FONTAINEBLEAU (xvi⁰ siècle)

101 — *La Famille de Jésus.*

Composition comprenant seize figures et portant la
date de 1555.

Toile. Haut. 1 m. 33. Larg. 1 m. 50.

ÉCOLE DES BORDS DU RHIN

102 — *Triptyque.*

Tableau central : dans une chapelle, une femme en
costume de religieuse est agenouillée en prière devant un
autel décoré d'un blason et surmonté d'un tableau représentant la Nativité.

A l'entrée de la chapelle apparaît la Vierge portant
l'enfant Jésus, entourée d'un cortège de saints personnages
sur lesquels plane le Saint-Esprit.

Volet de gauche : Sainte Catherine d'Alexandrie.

Volet de droite : Saint Jacques tenant un livre derrière le portrait du donateur agenouillé.

Extérieur : deux volets peints en grisaille représentant l'Annonciation.

Haut. du tableau principal 95 cent. Larg. 82 cent.

Volets. Haut. 95 cent. Larg. 35 cent.

ÉCOLE FLAMANDE (xvie siècle)

103 — *Le Calvaire.*

La Vierge, saint Jean et les saintes femmes, accablés de douleur, aux pieds du Christ expirant sur la Croix. — Dans le lointain, la ville de Jérusalem.

Cadre en bois noir incrusté d'ivoire.

Bois. Haut. 23 ceut. Larg. 17 cent.

GIOTTO (Ecole de)

104 — *La Vierge glorieuse.*

Deux anges soutiennent une couronne d'or au-dessus de la tête de la Vierge assise sur un trône. A ses côtés, la Madeleine et saint Jean.

Peinture sur fond doré dans un cadre ogival.

Bois. Haut. 92 cent. Larg. 53.

MATSYS (Jean)

105 — *Le Sommeil de l'enfant Jésus.*

Bois. Haut. 86 cent. Lag. 70 cent.

MORO (Attribué à Antonio)

106 — *Portrait d'homme.*

De trois quarts, à mi-corps, en pourpoint de soie à crevés avec col de guipure, il porte l'épée au côté.

Bois. Haut. 63 cent. Larg. 45 cent.

MORONE

107 — *Portrait d'homme en buste.*

Haut. 51 cent. Larg. 40 cent.

ORLEY (Bernard van)

108 — *Portrait de femme.*

Vue à mi-jambes, coiffée d'une cornette blanche, vêtue

d'une robe bleue avec surtout en soie rouge ; elle regarde un livre d'heures qu'elle tient des deux mains.

Revers : peinture en grisaille représentant une religieuse tenant un ostensoir et un livre ouvert.

Peinture d'un beau coloris.

Bois. Haut. 79 cent. Larg. 47 cent.

PINTURICCHIO

109 — *La Vierge au chardonneret.*

Elle est assise sur un trône surmonté d'un dais dont deux anges relèvent les draperies tout en soutenant une couronne d'or. L'enfant Jésus sur les genoux de sa mère tient un chardonneret, et avance la main pour prendre une fleur que lui présente sa mère.

Peinture d'un beau caractère.

Bois. Haut. 82 cent. Larg. 44 cent.

PINTURICCHIO

110 — *Sainte Catherine et une autre sainte martyre couronnée.*

Deux volets paraissant être de la même main que la peinture précédente.

Bois. Haut. 82 cent. Larg. 44 cent.

POURBUS (Attribué à Antonio)

111 — *Portrait d'homme.*

Représenté de trois quarts, à mi-corps, en costume de soie noire bordé de fourrure avec fraise, assis derrière une table et tenant des fleurs de la main droite.

Sur la table sont placés deux livres d'heures et une banderole où on lit : *Regimen hinc animi.*

Toile. Haut. 78 cent. Larg. 68 cent.

UCELLO (Paolo)

112 — *Combat de deux chevaliers sur un pont.*

Les preux revêtus tous deux de riches armures rehaussées d'or, l'un la tête nimbée, l'autre coiffé du turban sarrasin, sont aux prises au milieu d'un pont en présence de leurs escortes. Le Maure, le tronçon de sa lance à la main, chancelle, terrassé par son adversaire.

Ce sujet nous paraît être une allégorie du christianisme terrassant le paganisme personnifiés par les chevaliers et les divers attributs qui complètent la composition.

Bois Haut. 75 cent. Larg. 72 cent.

UCELLO (Paolo)

113 — *Sujet mystique.*

Un saint vêtu d'une tunique blanche, la tête nimbée d'or et portant une croix entourée de flammèches, traverse

le pont d'un fossé à l'entrée d'une forteresse. Derrière lui
un pontife en riche costume de brocart, un jeune seigneur
et un vieillard suivis de nombreux personnages dont on
n'aperçoit que le sommet de la tête.

Fond de paysage avec rochers.

Bois. Larg. 85 cent. Haut. 72 cent.

VINCI (Attribué à LÉONARD de)

114 — *La Vierge et l'enfant Jésus.*

Dans un paysage abrupte, Marie, vue à mi-jambes, tient
l'enfant Jésus et le contemple avec une tendre sollicitude.
Peinture autrefois sur panneau et transportée sur toile.

Haut. 54 cent. Larg. 43.

WEYDEN (Attribué à ROGIER VAN DER)

115 — *Ecce Homo.*

En buste de face, couronnée d'épines, les épaules couvertes d'un manteau de pourpre.

116 — *Mater dolorosa.*

De trois quarts, dans l'attitude de la prière, la tête en-
veloppée d'un voile blanc recouvert d'un manteau vert
bordé d'une passementerie d'or.

Ces deux peintures sont sur fond doré, pointillé et hachuré de noir.

Elles sont placées dans des cadres peints du XVIᵉ siècle représentant des amours soutenant des cartouches, d'une remarquable exécution.

Bois Haut. 42 cen!. Larg. 32 1/2 cent.

TABLEAUX MODERNES

COROT

117 — *Paysage.*

A gauche un bouquet d'arbres près d'un rocher, à droite une petite mare, au delà l'horizon éclairé par le soleil couchant.

Toile. Haut. 15 cent. Larg. 34 cent.

COROT

118 — *Le Moulin de la galette à Montmartre.*
Étude.

> Toile. Haut. 24 cent. Larg. 21 cent.

119 — *Étude de femme.*
Académie.

> Toile. Haut. 5o cent. Larg. 41 cent.

DIAZ (N.)

120 — *Les Hauteurs d'Apremont, forêt de Fontainebleau.*

Temps de pluie avec [rayon de soleil perçant les nuages.
Signé et daté 64.

> Bois. Haut. 32 cent. Larg. 44 cent.

DIAZ (N.)

121 — *Une Baigneuse.*
Esquisse.

> Bois Haut. 28 cent. Larg. 21 cent.

GAUTIER (A.)

122 — *Sœur de charité.*

Toile. Haut. 35 cent. Larg. 26 cent.

GUZZONE (D.)

123 — *Jeunes Femmes à l'entrée du chœur d'une chapelle.*

Bois. Haut. 24 cent. Larg. 15 cent

LECLAIRE (V.)

124 — *Bouquet de fleurs sur le sol.*

Bois. Haut. 44 cent. Larg. 61 cent.

LECLAIRE (V.)

125 — *Aubépines dans un vase de grès.*

Bois. Haut. 55 cent. Larg. 40 cent.

MONTICELLI

120 — *Femmes et chien de chasse.*

Bois. Haut. 28 cent. Larg. 49 cent.

MONTICELLI

127 — *Femmes jouant avec un perroquet.*

Bois. Haut. 35 cent. Larg. 49 cent.

PETIT (Eug.)

128 — *Roses blanches dans un vase de grès.*

Toile. Haut. 46 cent. Larg. 36 cent.

PETIT (Eug.)

129 — *Fleurs dans un vase.*

Toile. Haut. 46 cent. Larg. 32 cent.

PETIT (Eug.)

130 — *Bouquet de fleurs*

Bois. Haut. 36 cent. Larg. 44 1/2 cent.

SCHEFFER (A.)

131 — *Scène tirée de l'histoire d'Angleterre.*

Esquisse.

Toile. Haut. 41 cent. Larg. 28 cent.

TROYON

132 — *Taureau dans un pré.*

Esquisse.

Bois. Haut. 38 cent. Larg. 58 cent.

ÉCOLE MODERNE

133 — *Paon, dindons, coqs et poules.*

Esquisse.

Bois. Haut 24 cent. Larg. 32 cent.

OBJETS D'ART

ET

DE CURIOSITÉ

DÉSIGNATION

SCULPTURES DIVERSES

134 — Terre cuite. — Très beau groupe par Clodion
(signé). Satyre assis sur un tronc d'arbre et nymphe étroitement enlacés.

Pièce remarquable par le fini du modelé.

Haut. o.55o. Diam. à la base o.25o.

135 — Marbre tendre. — Groupe rehaussé de dorure
représentant la Vierge debout et drapée tenant
l'enfant Jésus sur son bras gauche. xvie siècle.

Haut., o.5oo.

136 — Terre cuite. — Statuette de sainte femme
debout. xviie siècle.

Haut. o.4oo.

137 — Terre cuite peinte. — Deux figurines d'anges
voltigeant, décorées au naturel. Travail italien.

Haut. o.o88.

138 — Terre cuite peinte. — Figurine de sainte femme, de même travail, avec vêtements en étoffe de soie variée de nuances.

Haut. 0.35o.

139 — Pierre. — Support formé de trois têtes de chérubins, montées en bois.

Haut. 0.270. Diam. 0.5oo.

140 — Terre cuite. — Ebauche de dragon ailé assis, tenant un cartouche. XVIIIe siècle.

Haut. 0.23o.

141 — Terre cuite. — Statuette de Minerve debout, casquée et drapée, tenant une lance.

Haut. 0.66o.

142 — Marbre tendre. — Statuette de nonne debout rappelant par sa facture les statuettes de pleureurs des tombeaux des ducs de Bourgogne à Dijon.

Haut. 0.34.

143 — Cire peinte. — Médaillon rond représentant un buste de femme de profil à droite, vêtue d'un riche costume du XVIe siècle garni de perles.

Diam. 0.062.

144 — Pâte blanche. — Buste de profil à gauche de *Christophorvs ivchss de Frvntsperg* monté dans un

médaillon en bois tourné. Travail allemand du
xvie siècle.

Diam. 0.054.

145 — Cire peinte. — Bas-relief représentant le buste
de la Vierge encadré d'étoffe bleu clair, de passementerie d'or et de perles. xviie siècle.

Haut. 0.12. Larg. 0.082.

146 — Albâtre. — Petit groupe. — Pieta. — Le Christ
mort couché sur les genoux de sa mère. xve siècle.

Haut. 0.240.

147 — Terre cuite. — Haut-relief signé C. J. Ramey
fils 1815 et représentant Adonis blessé; composition
de cinq figures.

Haut. 0.340. Larg. 0.450.

SCULPTURES EN IVOIRE

148 — Ivoire. — Grand diptyque sculpté en bas relief
et représentant, en huit compartiments, diverses
scènes tirées de la vie du Christ. xve siècle.

Haut., 0.220. Larg. totale 0.290.

149 — Ivoire. — Joli petit diptyque cintré à sa partie
supérieure et représentant divers sujets tirés de la

vie du Christ placés sous des arceaux en ogive très finement sculptés. La monture en bois peint représente le sujet de l'Annonciation et le baptême du Christ. xve siècle.

Haut. totale 0.150. Larg. 0.025.

150 — Ivoire. — Volet de diptyque représentant, sculpté en bas-relief, le sujet de l'adoration des Rois mages, placé sous des arceaux en ogive. Cette pièce, qui date du xve siècle, a conservé des traces de peinture et de dorure.

Haut. 0.168. Larg. 0.106.

151 — Ivoire. — Groupe. — La Vierge debout et vêtue de long tient l'enfant Jésus assis sur son bras gauche. xve siècle.

Haut. sans le pied en bois, 0.20.

152 — Ivoire. — Haut-relief sans fond. — Pieta. — Le Christ mort est étendu sur les genoux de sa mère et saint Jean lui baise les pieds. xviie siècle. Cadre en bois noir.

Haut. du cadre, 0.203. Larg. 0.280.

153 — Ivoire. — Joli groupe de deux figures; Vénus nue et debout ayant à ses pieds un amour. La déesse retient de son bras gauche une draperie qui retombe derrière ses jambes. Travail de la fin du xvie siècle.

Haut. sans le socle en bois, 0.23.

154 — Ivoire. — Groupe de deux chiens combattant. Travail moderne.

> Haut. 0.095. Larg. 0.180.

155 — Ivoire. — Deux couteaux à manches d'ivoire formés de figurines de saints personnages. xviie siècle.

> Haut. des manches, 0.090.

156 — Ivoire. — Haut-relief représentant les trois déesses et l'amour. xvie siècle.

> Haut. 0.090. Larg. 0.063.

157 — Os. — Coffret plaqué de bas-reliefs représentant sur le couvercle huit personnages debout, et au pourtour des sujets de chasse. Le fond forme échiquier. Travail vénitien du xive siècle.

> Haut. 0.067. Long. 0.15. Larg. 0.18.

158 — Ivoire. — Groupe représentant la Vierge sur un cheval et allaitant l'enfant Jésus. Ce groupe faisait probablement partie d'une fuite en Egypte.

> Haut. 0.18. Larg. 0 085.

SCULPTURES EN BOIS
(PETITES)

159 — Buis. — Joli groupe représentant la Vierge debout, couronnée et vêtue de long, tenant l'enfant

Jésus debout sur une table supportée par une tête
de chérubin. xvie siècle.

Haut. 0.016.

160 — Buis. — Autre joli groupe représentant la
Vierge debout, drapée de long. Elle tient l'enfant
Jésus nu de ses deux bras. xviie siècle.

Haut. 0.19.

16i — Bois. — Groupe. — La Vierge debout, vêtue
de long, tient l'enfant Jésus nu debout près d'elle.
xviie siècle.

Haut. 0.15.

162 — Buis. — Figurine-applique représentant une
sainte femme debout et drapée. xviie siècle.

Haut. 0.128.

163 — Bois. — Deux figurines. -- La Vierge et sainte
femme debout. xviie siècle.

164 — Bois. — Deux pièces : la Vierge debout et couronnée portant l'enfant Jésus sur son bras gauche,
et saint évêque debout. xviie siècle.

Haut. 0.055-0.057.

165 — Bois. — Figurine équestre de souverain portant le sceptre. Travail du xvie siècle.

Haut. 0.108. Larg. 0.088.

166 — **Bois.** — Statuette de nymphe nue debout portant une branche de vigne sur son bras gauche. XVIIᵉ siècle.

Haut. 0.16.

167 — **Bois.** — Statuette. — Le Christ assis et couronné d'épines. Travail moderne dans le style du XVᵉ siècle.

Haut. 0.12.

168 — **Bois.** — Petit buste de Vierge, la tête et les épaules couvertes par une draperie. XVIᵉ siècle.

Haut. 0.160.

169 — **Bois de chêne.** — Statuette de femme figurant les Sciences et exécutée d'après Jean de Bologne.

Haut. 0.425.

SCULPTURES EN BOIS
(GRANDES)

170 — Beau rétable du XVᵉ siècle, en bois de chêne, représentant huit scènes tirées de la vie du Christ, en haut-relief, placées sous un monument gothique à clochetons.

Haut. 1 m. 70. Larg. 1 m. 52.

171 — Autel en bois sculpté peint et doré représentant
le couronnement de la Vierge ainsi que des figures
de saints personnages et des anges. École de Dona-
tello. xvie siècle.

Haut. 2 m. Larg. 1 m. 15.

172 — Bois peint et rehaussé de dorure. — Rétable
ou tableau d'autel, de forme oblongue, offrant,
sculptées en bas-relief, cinq scènes tirées de la vie
du Christ, séparées par des pilastres à balustres
ornés. Dans le haut, une frise décorée de douze
figurines d'anges en ronde bosse, tenant des instruments de musique et divers attributs de la Passion.

Au-dessous, cinq panneaux sculptés en bas-relief
représentant le saint suaire, des instruments de la
Passion et un cartouche portant la date de 1529,
sont séparés par des figurines d'apôtres debout.

Le soubassement présente cinq panneaux d'ornements sculptés en bas-relief et dorés sur fond
bleu et rouge, séparés par des balustres ornés.

Haut. totale, 2 m. 05. Larg. 2 m. 23.

173 — Groupe en bois sculpté et peint, du xvie siècle.
Il représente saint Martin à cheval partageant son
manteau.

Haut. 0.740. Larg. 480.

174 — Groupe en bois sculpté et peint représentant un fauconnier à cheval. xvıᵉ siècle.

Haut. o.55o. Larg. o.42o.

175 — Bois peint. — Statuette. — La Vierge assise et travaillant. xvıᵉ siècle.

Haut. o.4oo.

176 — Bois. — Haut-relief sans fond représentant la Vierge debout, portant l'enfant Jésus reposant sur une chaise supportée par trois anges. xvıᵉ siècle.

Haut. o.6oo. Larg. o.58o.

177 — Bois de chêne. — Groupe applique provenant d'un rétable. La Vierge couchée sur un lit de parade à colonnes, assistée de deux servantes. xvıᵉ siècle.

Haut. o.65o. Larg. o.4oo.

178 — Bois. — Statuette d'enfant, assis sur une corbeille de fleurs. xvııᵉ siècle.

Haut. o.37o.

179 — Bois. — Grande et belle figure de saint Etienne. Travail français de la fin du xvᵉ siècle.

Haut. sans le socle, o.86o.

18o — Bois de chêne. — Groupe de deux figures. — Pieta. — La Vierge accroupie tient de ses deux

bras le corps inanimé de Jésus-Christ. Travail
des premières années du xvie siècle.

Haut. sans socle, 0.610. Larg. 0.610.

181 — Bois de chêne. — Statuette de sainte femme
debout, couronnée, tenant un glaive de la main
droite et un livre de la main gauche. Elle est
debout sur un personnage couché. xvie siècle.

Haut. 0.580.

182 — Bois peint rehaussé de dorure. — Sainte Jus-
tine debout sur un socle formant reliquaire. Elle
tient une palme verte de la main droite et un
glaive de la main gauche. xviie siècle.

Haut. 0.840.

183 — Bois peint et doré. — Statuette de saint Michel
debout sur le monstre. Il porte une armure de la
fin du xive siècle, rehaussée de dorure. Travail du
xve siècle.

Haut. 0.470.

184 — Bois de chêne. — Groupe de cinq figures provenant d'un rétable et représentant la Vierge sou-
tenue et entourée par des saints personnages.

Haut. 0.450. Larg. 0 280.

185 — Bois. — Statuette de sainte Agnès, debout
sous un dais supporté par des colonnettes tour-
nées. xvie siècle.

Haut. 0.800.

18b — Bois. — Haut-relief formant rétable et représentant le sujet de l'Adoration des Rois Mages. xvie siècle.

Haut. 0.85o. Larg. 0.720.

187 — Bois de chêne. — Figure-applique de cavalier romain au galop et sonnant de la trompe. xvie siècle.

Haut. totale, 0.45o. Larg. 0.35o.

188 — Bois peint. — Sainte femme debout, vêtue d'une robe à fleurs et tenant un livre de prières de la main droite. Sur un socle à moulures et à godrons, rehaussé de dorure. Travail espagnol du xviie siècle.

Haut. 0.81o (y compris le socle).

189 — Bois. — Grande figure-applique. — La Vierge assise, tenant un livre de la main gauche. xvie siècle.

Haut. 0.970.

EMAUX CHAMPLEVÉS

190 — Crucifix couronné, en cuivre doré, avec jupe champlevée et émaillée bleu et blanc. Les yeux sont rapportés en émail noir. xiiie siècle. Les pieds manquent.

Haut. 0.25o.

191 — Châsse oblongue en forme de maison, garnie de plaques en cuivre champlevé et émaillé. Une de ses faces présente le Christ assis ainsi que quatre des apôtres, et au-dessous la Fuite en Égypte. Le revers est décoré de rosaces en couleurs sur fond bleu et les faces latérales représentent chacune un saint personnage debout. Travail de Limoges au xiiie siècle.

Haut. 0.200. Larg. 0.210.

ARMES

192 — Hallebarde à triple lame découpée. xvie siècle.

Long. 0.770.

193 — Fauchard allemand de la fin du xve siècle, à quatre pointes.

Long. 0.700.

194 — Hallebarde en fer découpé et à longue pointe.

Long. 0.570.

195 — Autre hallebarde à lame et nœud à jour, également à longue pointe.

Long. 0.630.

196 — Salade en fer gravé à figures et ornements et portant le double aigle de l'empire. Allemagne, XVIᵉ siècle.

197 — Paire de gantelets à brisures et à côtes.

198 — Petit modèle d'armure du XVIᵉ siècle. Travail moderne.

Haut. 0.420.

199 — Hallebarde à longue pointe, décorée d'ornements gravés et portant la date de 1608.

Long. 0.810.

200 — Petit poignard à garde ciselée et manche droit en ivoire.

Long. 0.280.

201 — Outil à longue lame arrondie et douille damasquinée d'or à sa partie inférieure. Le manche en bois à côtes en spirale est clouté de métal. XIIIᵉ siècle.

Long. 0.240.

ÉMAUX DE LIMOGES

202 — Plaque rectangulaire en hauteur. — Peinture en émaux de couleurs, avec paillons imitant les pierres précieuses. Premières années du XVIᵉ siècle.

3

Elle représente le Christ et la Vierge vus à mi-corps

Haut. sans le cadre en velours grenat, 0.185. Larg. 0.150.

203 — Plaque carrée. — Peinture en émaux de couleurs, xvie siècle. Elle représente la Mise au tombeau.

Haut. sans le cadre en bois noir, 0.180. Larg. 0.150.

204 — Plaque en hauteur — Peinture en émaux de couleurs et rehauts d'or, xvie siècle. Elle représente la Vierge vue à mi-corps, portant l'Enfant Jésus sur ses genoux.

Haut. sans le cadre, 0.205. Larg. 0.150.

205 — Belle assiette. — Peinture en grisaille, chairs teintées sur fond noir avec rehauts d'or, par *Pierre Raymond*.

A l'intérieur, scène de repas, composition de quatre figures. Au marli, dragons fantastiques ailés, ornements et écusson d'armoiries en couleurs.

A l'extérieur : Tête laurée de profil à gauche, sur fond noir pointillé d'or, encadrée d'oves et placée au centre d'un cartouche orné de groupes de fruits et de têtes de chérubins. Au bord, rinceaux et ornements et les initiales P. R. de l'artiste, ainsi que la date de 1566.

Diam. 0.210.

206 — Deux plaques rondes légèrement bombées. — Peintures en grisaille rehaussée de bleu sur fond noir, attribuées à Colin Noualhier, xvi⁰ siècle. Elles représentent chacune un guerrier armé de toutes pièces et montant un cheval au galop dont le harnachement porte le double aigle de l'Empire. Elles portent l'inscription suivante dorée : IVLIVS CAESAR

Diam. sans le cadre en bois noir o.23o.

207 — Plaque ronde analogue à celles qui précèdent, mais plus petite. Elle représente un cavalier passant et porte l'inscription suivante : ARTVS REX.

Diam. sans le cadre en bois noir. o.195.

208 — Plaque carrée. — Peinture en émaux de couleurs et sur paillons avec rehauts d'or, xvi⁰ siècle. Elle représente une figure de femme assise tenant une corbeille de fleurs; un lévrier est près d'elle. A droite, le Père éternel et Adam. On lit dans le bas : MEMENTO. SEQVITVR. CANIS. OMNIA. NASO.

Haut. sans le cadre, o.2o5. Larg. o.16o.

209 — Plaque ovale. — Peinture en émaux de couleurs avec rehauts d'or, attribuée à Pierre Raymond. Elle représente les attributs du Saint-Sacrement entre deux anges agenouillés tenant des flambeaux et reposant sur un support décoré d'un cartouche portant le chiffre du Christ et des groupes de fruits.

Haut. sans le cadre o.185. Larg. o.145.

2 10 — Grande assiette. — Peinture en émaux de couleurs sur fond bleu et rehaussée d'or. XVIᵉ siècle.

Elle représente Orphée charmant les animaux en pinçant de la lyre. Le marli offre des rosaces ainsi que des mascarons soutenus par des lions. Les entre-deux sont décorés d'ornements argentés.

L'extérieur est décoré d'une large rosace émailléc blanc sur fond bleu avec rehauts de dorure.

Diam. 0.255.

2 1 1 — Très petit plat ovale. — Peinture en émaux de couleurs sur fond bleu. XVIᵉ siècle.

Il représente à l'intérieur un sujet biblique, ainsi que des ornements au marli, et à l'extérieur un buste de femme dans un cartouche oblong.

Long. 0.175. Larg. 0.157.

2 1 2 — Plaque en hauteur. — Peinture en émaux de couleurs attribuée à Jean Limousin. Elle représente le sujet de Suzanne et les vieillards, et elle est placée au centre d'un petit monument en bois noir à colonnettes, orné de peintures églomisées sur verre et à fond rouge, qui représentent des sujets et des emblèmes religieux.

Haut. de la plaque 0.100. Long. 0.082.
Haut. du monument 0.330. Long. 0.180.

2 1 3 — Deux plaques peintes en émaux de couleurs par B. Noualhier, sur fond noir avec ornements

en émail blanc en relief aux angles. Elles représentent les bustes de saint Ignace et de saint François. Elles sont signées au revers.

Haut. 0.115. Larg. 0.087.

FAIENCES ITALIENNES

214 — Fabrique italienne. — Haut-relief sans fond de
l'école des Robbia, en terre émaillée blanc et représentant la Vierge vue à mi-corps tenant l'enfant
Jésus sur son bras gauche.

Haut. 0.780. Larg. 0.600 (sans le cadre en chêne).

215 — Fabrique italienne. — Statuette de sainte femme
debout, de l'école des Robbia en terre émaillée
blanc avec nimbe doré et terrasse verte.

Haut. 1.020.

216 — Fabrique de Gubio. — Plaque en hauteur, représentant le sujet de la Crèche en bas-relief et à
décor à reflets métalliques mordorés rehaussés de
bleu. Elle porte la date de 1535.

Haut. 0.273. Larg. 0.220.

217 — Fabrique d'Urbino. — Coupe ronde sur pied
bas, représentant Pyrame et Thisbé. Cette dernière
se précipite sur la pointe d'un glaive qui traverse

déjà le corps de son amant. Fond de paysage, à
gauche un amour voltigeant et tirant de l'arc.

Diam. 0.295.

218 — Fabrique d'Urbino. — Coupe ronde à côtes en
spirale décorée d'ornements en camaïeu bleu sur
fond.bleu foncé et jaune d'ocre alternant et offrant
en outre, une sainte Madeleine vue à mi-corps.

Diam. 0.230.

219 — Même fabrique. — Petit plat rond décoré de
grotesques et d'une figure d'amour dans un paysage.

Diam. 0.200.

220 — Fabrique de Deruta. — Petit plat rond, décoré
en plein d'une rosace à reflets métalliques mordorés et rehaussé de bleu.

Diam. 0.240.

221 — Même fabrique. — Petit vase à décor à reflets
métalliques rehaussé de bleu ; saint François en
prière et feuillage.

Haut. 0.20.

222 — Fabrique de Castel-Durante. — Petit plat rond
forme dite cuppa amatoria, décoré de trophées
d'armes en camaïeu brun sur fond bleu.

Diam. 0.220.

223 — Fabrique italienne. — Coupe double dont celle
supérieure a un déversoir formé d'un mascaron.

Haut. 0.20. Long. 0.35.

224-235 — Fabrique de Castelli. — Douze jolis petits
plats ronds à décor polychrome rehaussé de dorure. Chacun d'eux est décoré d'un sujet champêtre à personnages placé au centre d'un encadrement octogone flanqué de cariatides ailées, de figures
de génies, de mascarons et d'ornements en grisaille
sur fond jaune et de fleurs. Ce lot sera divisé.

Diam. 0.240.

236 — Fabrique italienne. — Pot à anse à panse
ovoïde et à gorge à ornements en relief et fleurs
et ornements polychromes.

Haut. 0.430.

237 — Fabrique de Castelli. — Gourde lenticulaire,
décor polychrome, à double goulot, présentant un
sujet mythologique sur chacune de ses faces.

Haut. 0.190.

238 — Fabrique de Savone. — Vase ovoïde et à côtes
sur piédouche avec anse surélevée et goulot orné
d'un mascaron. Il est décoré d'un sujet tiré de
l'histoire romaine, en camaïeu bleu avec rehauts
de jaune.

Haut. 0.35.

239 — Fabrique italienne. — Cadre ovale formé
d'une couronne de fruits en ronde bosse émaillés
en couleurs et surmonté d'un buste d'ange. Ecole
des Robbia.

Haut. o.48o. Larg. o.34o.

240 — Fabrique italienne. — Grande coupe ronde à
côtes et à bossages, décorée d'un groupe de guerriers romains et d'un amour assis dans un paysage,
en camaïeu bleu rehaussé de jaune.

Diam. o.3io.

241 — Fabrique italienne. — Deux vases ovoïdes à
deux anses et sur piédouche décorés de grotesques
et de médaillons de paysages.

Haut. o.39o.

242 — Fabrique hispano-mauresque. —Petit plat rond
à décor à reflets métalliques cuivreux rehaussé de
bleu et marli repoussé à bossages.

Diam. o.24o.

243 — Même fabrique. — Deux vases à panse sphérique et col droit à décor à reflets métalliques.

Haut. o.3io.

244 — Même fabrique. — Plat rond à décor à reflets
métalliques, lion et feuillages.

Diam. o.38o.

245-246 — Même fabrique. — Quatre petits plats
ronds à décor à reflets métalliques rehaussé de
bleu.

Haut. o,23,

247 — Fabrique siculo-arabe. — Deux cornets à décor
à reflets métalliques rehaussé de bleu à feuillages
et ornements.

Haut. o.33.

FAIENCES DE RHODES

248 — Plat rond décoré de branches d'œillets et d'ornements en bleu, rouge et vert sur fond blanc.

Diam. o.3oo.

249 — Plat analogue à celui qui précède, mais plus
petit.

Diam. o.28o.

25o — Autre plat rond en faïence de Rhodes, décoré
en plein d'une rosace polychrome.

Diam. o.32.

FAIENCES DE DELFT

251 — Petit vase piriforme à riche décor polychrome
à fleurs, oiseaux et ornements.

Haut. sans le bouchon en étain. o.1oo.

252 — Deux burettes à anse et goulot en S à décor
bleu.

Haut. 0.150.

253 — Socle carré supporté par quatre lions couchés,
en ancienne faïence de Delft à décor bleu.

Haut. 0.320

254 — Deux petites potiches à pans et à couvercles en
faïence de Delft, décor polychrome à médaillons de
personnages.

Haut. 0.32.

GRÈS

255 — Cruche droite en grès blanc à figures et ornements en relief. XVIᵉ siècle.

Haut. 0.300.

256 — Petite cruche à panse sphérique en grès blanc,
à médaillons représentant le sujet de l'Annonciation
et Suzanne surprise au bain par les vieillards.

Haut. 0.180.

257 — Petite cruche en grès émaillé bleu, gris et
violet.

Haut. 0.20.

FAIENCES DE PALISSY

258 — Plat ovale en largeur, en faïence de Bernard Palissy, avec cavité centrale jaspée de vert et offrant au pourtour huit cavités, séparées par des cornes d'abondance en relief et émaillées en couleurs. L'extérieur est jaspé.

Long. 0.33o. Larg. 0.25o.

259 — Groupe connu sous le nom de : *la Nourrice*, émaillé blanc, bleu et brun.

Haut. 0.23o.

260 — Quatre plats ovales, offrant chacun en bas-relief. et émaillée en couleurs, une figure debout, représentant une des saisons. Bords bleus relevés avec godrons blancs.

Haut. 0.270. Larg. 0.23o.

261 — Plat ovale en largeur, en faïence, de la suite de Bernard Palissy. Il représente le sujet du Christ et de la femme adultère, émaillé en couleurs et le bord relevé et à godrons est marbré de brun.

Long. 0.35o. Larg. 0.260.

262 — Petit plat ovale en hauteur, en faïence, de la suite de Bernard Palissy. Il représente le sujet de

la Décollation de saint Jean. Le bord à godrons
est émaillé bleu.

Haut. 0.280. Larg. 0.210.

FAIENCES FRANÇAISES

263 — Fabrique de Nevers. — Garniture de trois
pièces, vase et buires à décors de fleurs et d'ornements en camaïeu bleu. Le vase de milieu est garni
de trois anses à enroulements, et son couvercle est
formé d'une couronne à jour. Les deux buires à
base octogone, à panse ovoïde et à goulot découpé
sont garnies chacune d'une anse à enroulements.

Haut. du vase 0.45.
Haut. des buires 0.36.

264 — Même fabrique. — Grand bassin ou jardinière
de forme ovale et à deux anses à torsade, décorée
de fleurs et d'oiseaux, en blanc sur fond bleu de
Perse.

Haut. 0.150. Larg. 480.

265 — Même fabrique. — Plat ovale d'après Palissy,
offrant au fond, une figure de femme nue entourée
d'enfants en bas-relief. Le marli offre huit cavités
séparées par des groupes de fruits et des mascarons
en relief, le tout en décor polychrome.

Long. 0.520. Larg. 0.400.

266 — Même fabrique. — Petit vase cylindrique à décor blanc sur fond bleu, de style chinois.

Haut. 0.20.

267 — Fabrique de Moustiers. — Deux chevaux debout et passant, rehaussés de quelques détails
bleus à la tête et à la queue. La base rectangulaire
est décorée au pourtour du dessus d'ornements
bleus dans le goût de Bérain.

Haut. 0.220. Long. 0.200

VERRERIE ET VITRAUX

268 — Vase à panse ovoïde et col évasé en verre bleu,
garni d'une monture à anses en cuivre doré. Travail italien du xvɪe siècle.

Haut. 0.210.

269 — Flacon à côtes en verre agatisé et aventuriné
de Venise.

Haut. avec le bouchon en cuivre, 0.25.

270 — Vase en forme de balustre en verre agatisé de
Venise.

Haut. 0.29.

271 — Verre cylindrique, à figure d'acteur émaillée
en couleurs. Allemagne, xvɪɪe siècle.

Haut. 0.23.

272 — Pot à anse en verre bleu, décoré de sujets de chasse émaillés et portant la date de 1601.

Haut. o.19.

273 — Flacon en verre bleu, à panse sphérique et goulot droit, à côtes en spirales, décoré d'arêtes saillantes travaillées à la pince.

Haut, o.215.

274 — Gourde piriforme à une anse en verre bleu, marbré d'émail blanc et ornée de rosaces en relief.

Haut. o.175.

275 — Deux gobelets en verre incolore, et l'un d'eux à couvercle, ornés chacun de mufles de lion en relief.

Haut. o.105 et o,117.

276 — Petite gourde en verre incolore marbré d'émail bleu verdâtre, blanc, brun et rouge.

Haut. o.o85. Larg. o.105.

277 — Petit vase en verre incolore, à panse ovoïde et à côtes, col évasé et à deux anses incomplètes.

Haut. o.120.

278 — Flacon en forme de pomme de pin, en verre jaunâtre, garni d'une monture du xvie siècle, en cuivre doré.

Haut. o.175.

279 — Coupe oblongue, à lobes, en verre de Bohême incolore, à bordure émaillée. xviie siècle.

Haut. o.128.

280 — Trois pièces en verre de Venise : deux buires en verre bleu, marbré de brun et de vert, et petite bouteille à panse à côtes en verre incolore, avec points d'émail blanc, rouge et bleu.

Haut. o.110 et o.100.

281 — Six petites assiettes en verre incolore, à décor d'or.

Diam. o.23.

282 — Deux vases à anse circulaire surélevée et à double goulot, en verre incolore, à filets d'émail blanc en spirale.

Haut. o.3o.

283 — Deux buires en forme de vase et une petite coupe ronde en verre agate de Venise.

Haut. des buires, o.20. Diam. de la coupe, o.15.

284-290 — Vingt-huit pièces diverses en verre de Venise, variées de formes et de décors. Ce lot sera divisé.

291 — Jolie peinture églomisée sur verre rehaussée de dorure. Elle représente Médée offrant à un

guerrier placé devant elle une statuette de Jupiter à califourchon sur un aigle. Italie. xvie siècle.

Haut. 0.120. Larg. 0.085.

292 — Miniature sur vélin du xve siècle représentant la présentation au temple et encadrée d'ornements de style oriental. Elle a été collée sur verre et simule une peinture églomisée.

Haut. 0.235. Larg. 0.185.

293 — Deux vitraux ovales en largeur du commencement du xviie siècle, peints en camaïeu brun et représentant des sujets bibliques; monture moderne de forme rectangulaire.

Haut. totale, 0.27. Larg. 0.39.

294 — Deux vitraux ovales en hauteur peints en brun avec rehauts de jaune et représentant chacun trois saintes femmes en prière et vues à mi-corps.

Haut. 0.21. Larg. 0.18.

295 — Peinture églomisée sur verre avec rehauts de dorure représentant l'ensevelissement de sainte Catherine par trois anges. xvie siècle. Dans un cadre en cuivre et étoffe.

Haut. sans cadre, 0.137. Larg. 0.93.
Haut. avec cadre, 0.21. Larg. 0.19.

MANUSCRITS

296 — Beau manuscrit petit in-8 sur vélin, de la fin du xvᵉ siècle. — Heures de la Vierge précédées du calendrier avec encadrements composés d'ornements dans lesquels se jouent des animaux et des oiseaux et enrichi de douze grandes et de vingt-neuf petites miniatures. Reliure en velours vert.

297 — Manuscrit in-8 sur vélin du xvᵉ siècle. — Livre d'heures précédées du calendrier avec marges et lettres ornées rehaussées de couleur et d'or et enrichi de treize grandes miniatures. Reliure en peau. Un feuillet déchiré.

BIJOUX

298 — Vase en cristal de roche à panse droite à lobes culot sphérique et sur pied à balustre, décoré d'ornements et de branches de vigne gravés en creux. xvıᵉ siècle.

Haut. o.19.

299 — Flambeau en cristal de roche composé de pièces d'enfilages taillées à pans.

3oo — Plaque ronde de cristal de roche représentant
le Couronnement de la Vierge gravé en creux.
xvie siècle.

Diam. o.10.

3o1 — Petite coupe oblongue et à lobes en cristal de
roche, décorée de sujets de chasse et d'animaux
gravés en creux. xvie siècle. Elle est garnie d'une
monture en cuivre doré.

Haut. o.11. Larg. o.13.

3o2 — Camée sur grenat, représentant le buste de
Socrate. Il est monté en bague d'or. xvie siècle.

3o3 — Bague en or émaillé de style renaissance avec
chaton orné d'un rubis et d'une émeraude.

3o4 — Montre Louis XVI à répétition en or ciselé à
festons de laurier, feuillages et ornements. La
cuvette émaillée représente un sujet champêtre
dans le goût de Boucher.

Diam. o.o37.

ORFÈVRERIE

3o5 — Deux plats hexagones en argent repoussé, doré
en partie, décorés au marli d'une couronne de
larges fleurs et au fond d'une figure de femme

debout. A la chute du marli se trouvent douze petites cavités circulaires. Époque Louis XIII. .

Diam. o.33o.

3o6 — Hochet en argent ciselé et repercé à jour, décoré de figurines d'enfants et garni de grelots. Le manche est en jaspe. xviiᵉ siècle.

Long. o.17.

3o7 — Piédestal carré en bois noir, garni aux angles de cariatides d'hommes en bronze ciselé et doré et offrant sur le dessus et au pourtour des plaques d'argent gravé à figures et ornements. xviiᵉ siècle.

Haut. o.13o. Diam. o.o84.

3o8 — Salière triangulaire à trois cavités en argent, décorée au pourtour de jeux de naïades en bas-relief et garnie aux angles de pieds composés d'en-roulements.

Diam. o.1o.

MINIATURES

3o9 — Grande et belle miniature ovale sur ivoire. — Portrait de la princesse Charlotte, archiduchesse d'Autriche. Elle est vue à mi-corps et tient une lettre. Sa robe violette est couverte en partie par une écharpe blanche et ses cheveux sont retenus par des perles. Gadre en bronze à perles. Collection Febvre.

Haut. o.160. Larg. o.130.

310 — Jolie miniature à l'huile de forme ovale. — Portrait de femme de trois quarts à gauche, vêtue d'un riche costume et d'une large collerette de la fin du xvɪᵉ siècle.

Haut. o.098. Larg. o.076.

311 — Jolie petite miniature ovale sur ivoire, du temps de Louis XVI, portrait de jeune femme vue de face, les épaules couvertes d'une écharpe bleue.

Haut. o.040. Larg. o.032.

312 — Petite miniature ovale du temps de Louis XV; portrait de jeune femme vêtue d'un corsage garni de fleurs et les cheveux poudrés garnis d'une plume et de perles. Dans un cadre en stras surmonté d'un ruban.

Haut. totale o.065. Larg. o.036.

313 — Miniature ovale sur ivoire. — Portrait de jeune femme en costume Louis XVI rose et bleu, le bras droit passé dans un panier de fleurs; cadre en bronze doré surmonté d'un ruban.

Haut. sans cadre, o.097. Larg. o.079.

3 14 — Grande miniature ovale. — Portrait de jeune
femme vue à mi-corps et coiffée d'un chapeau de
paille garni de fleurs. Dans un cadre en cuivre
doré.

Haut. totale, 0,177. Larg. o.140.

PORCELAINES

3 15 — Grande et belle tasse droite avec soucoupe en
ancienne porcelaine de Sèvres, pâte tendre, décorée d'une frise de couronnes de roses et de lauriers entre deux bandes bleues, rehaussées d'ornements dorés et fond vermiculé d'or avec points
d'émail bleu. Époque Louis XV.

Haut. de la tasse, 0.065. Diam. de la soucoupe, 0.140.

3 16 — Tasse de même forme, mais plus petite, en
ancienne porcelaine de Sèvres, pâte tendre, décorée de rosaces en bleu et or avec quadrillages de
fleurs polychromes.

Haut de la tasse 0.060. Diam. de la soucoupe, 0.120.

3 17 — Tasse de forme arrondie avec soucoupe en
ancienne porcelaine de Sèvres, pâte tendre à frise
décorée de vases de fleurs, de myosotis et de bou-
quets de roses, et placée entre deux bandes bleu

turquoise, rehaussées d'ornements dorés. Époque
Louis XVI.

Haut. de la tasse o.o53. Diam. de la soucoupe, o.120.

318 — Soucoupe de forme arrondie en porcelaine de
Sèvres, pâte. tendre ; à compartiments gros bleu à
œils de perdrix d'or et vert, encadrés d'ornements
et de festons de fleurs dorés. Elle est décorée au
fond d'une figurine d'enfant dans un paysage,
dans le goût de Boucher.

Diam. o.134.

319 — Tasse trembleuse avec couvercle et soucoupe
en ancienne porcelaine de Sèvres, pâte tendre,
décorée d'ornements exécutés en bleu, brun, car-
min et or. Époque Louis XVI.

Haut. de la tasse, o,100. Diam. de la soucoupe, o. ∴ 5.

320 — Tasse droite avec soucoupe en ancienne porcelaine de Sèvres, pâte tendre à bandeau noir
décoré de branches de vigne polychromes et
réserves ovales décorées d'arbustes. . Au-dessous
du bandeau, rinceaux bleus et feuillages verts.
Époque Louis XVI.

Haut. de la tasse, o.o6o. Diam. de la soucoupe, o.120.

321 — Tasse droite avec soucoupe en vieux Sèvres,
pâte dure à fond brun et décor de fleurs et d'oiseaux en or et en argent.

Haut. de la tasse, o.o6o. Diam. de la soucoupe, q.120.

322 — Deux petits vases en forme de balustre, en cé-
ladon bleu turquoise uni. Ils sont garnis de montures rocaille avec couvercles en bronze doré.

Haut. totale, 0.229.

323 — Char en ancienne porcelaine de Saxe conduit
par Apollon, à décor polychrome et traîné par
trois chevaux au galop en bronze doré. Le socle
est garni d'une moulure en bronze doré.

Haut. 0.250. Long. totale, 0.470.

324 — Deux petits vases en forme de carafe à panse
sphérique et col droit, en ancienne porcelaine cra-
quelée bleu violacé de la Chine. Ils sont garnis
d'une monture rocaille et de bouchons en bronze
doré.

Haut. 0.240.

325 — Deux vases de forme analogue en ancienne
porcelaine de Chine, décorés de modèles et d'ornements en émaux de la famille verte. Ils sont
garnis de montures rocaille en bronze doré.

Haut. 0.265.

326 — Joli groupe en ancienne porcelaine de Saxe à
décor polychrome. Jeune femme assise pinçant de
la mandoline et deux enfants dansant.

Haut. 0.200.

327 — Deux pintades debout en ancienne porcelaine

de Saxe, décorées en couleurs et montées sur pieds
rocaille en bronze ciselé et doré.

Haut. o.190.

328 — Statuette de personnage vêtu à l'orientale et
tenant une guitare sous son bras gauche, en ancienne porcelaine de Saxe, montée sur un socle
rocaillé en bronze.

Haut. o.200.

329 — Trois pots à pommade de forme cylindrique et
à couvercle, en ancienne porcelaine tendre de
Saint-Cloud, à décor bleu. Deux d'entre eux sont
garnis d'une gorge en argent.

Haut. o.o65 et o.o6o.

330 — Deux bougeoirs en cuivre doré, avec fleurettes
de porcelaine, et ornés chacun d'un chat et d'un
chien assis.

Haut. o.13o.

331 — Compotier modèle coquille, en ancienne porcelaine de Sèvres, pâte tendre, décoré de bandes
bleues à œils de perdrix d'or et offrant au bord des
entrelacs de perles bleues· et de feuillages verts,
contenant des fleurs variées. Au centre, un bouquet de roses.

Diam. o.2:o.

332 — Bourdaloue en ancienne porcelaine de Saxe,

décoré de fleurs et à anse formée d'une branche
d'arbre sur laquelle repose un oiseau.

Long. 0.210.

333 — Deux petits groupes en biscuit composés chacun
d'une figure de chasseur et de chiens.

Haut. 0,280.

334 — Vingt-trois assiettes en ancienne porcelaine
de Tournay, à bords festonnés, marli gaufré à
côtes en spirale et décor bleu rehaussé d'or à arbustes et fleurs au centre, et ornements au bord.

Diam. 0.240.

335 — Petite bouteille en ancienne porcelaine de
Chine, décorée de dragons polychromes et montée
sur un pied bas en cuivre doré.

Haut. totale, 0.160.

336 — Quatorze assiettes à pans en ancienne porcelaine de l'Inde, à décor en bleu et rouge ; paysage
au fond, ornements et fleurs au marli.

Diam. 0.230.

337 — Figurine de femme endormie, en porcelaine
blanche, portant en dessous le nom de *Kroper*
gravé dans la pâte.

Haut. 0 140. Long. 0.200.

338 — Statuette en terre de Lorraine : Vénus debout tenant un cœur enflammé.

Haut. o.25o.

339 — Deux petits groupes en porcelaine blanche composés chacun d'un groupe de trois figures d'enfants jouant.

Haut. o.160.

340 — Petit éléphant debout en porcelaine de Chine, sur socle en bronze doré.

Haut. o.20.

341 — Groupe en poterie du Japon, personnage debout portant un ballot.

• Haut. o.24.

OBJETS VARIÉS

342 — Reliquaire en forme de croissant en cuivre repoussé, gravé et doré, enrichi de chatons avec pierres cabochons. Il est monté sur un pied à lobes en cuivre, gravé à rinceaux avec nœud repoussé à rosaces. xvII[e] siècle.

Haut. o.260.

343 — Escarcelle en velours ponceau brodé d'or, garnie d'un fermoir en fer. xvI[e] siècle.

Haut. o.240. Larg. o.140.

344 — Grand et beau plat en étain décoré de figures allégoriques, de mascarons et d'ornements en relief. Il porte au revers la médaille de l'artiste Casbar Enderleìn, et il est accompagné d'une buire de même décor.

Diam. du plat, 0.460.
Haut. de la buire, 0.280.

345 — Petit marteau en fer ciselé et doré en partie, avec manche en corne et tire-bouchon placé à son extrémité. xvɪᵉ siècle.

Long. totale, 0.263.

346 — Petit meuble-cabinet couvert en velours ponceau et garni d'ornements en cuivre gravé et doré. Les tiroirs sont garnis de plaques en cuivre doré à rinceaux et animaux en relief. La porte à abattant présente à l'intérieur une plaque de cuivre gravé et doré, décorée de figures dans un paysage et d'ornements. xvɪᵉ siècle.

Haut. 0.125. Larg. 0.180

347 — Encensoir gothique en cuivre, décoré de fleurs de lis et garni de clochetons. xvᵉ siècle.

Haut. 210.

348 — Bénitier portatif en forme de vase applique en cuivre à feuilles et ornements en relief. xvɪɪᵉ siècle.

Haut. 0.20.

349 — Coupe sphérique et à pans, sur pied droit à côtes, en cuivre rouge repoussé, à cariatides d'anges et médaillons sujets religieux. xve siècle.

Haut. 0.110 Diam. 0.130.

350 — Coupe ronde en étain présentant à son centre la figure équestre de Gustavé-Adolphe en bas-relief, et décoré d'ornements dorés. xviie siècle.

Diam. 0.280.

351 — Petit brûle-parfums chinois de forme oblongue, en bronze, sur pieds ornés de têtes chimériques, et couvercle surmonté d'une chimère assise.

Haut. 0.110. Larg. 0.095.

352 — Horloge allemande de forme carrée, en cuivre gravé et doré, reposant sur quatre lions couchés et surmontée d'un clocheton à cinq étages, l'un d'eux garni de figurines de guerriers en ronde bosse. Ses cadrans sont en argent gravé. xvie siècle.

Haut. totale, 0.500. Larg. 0.220.

353 — Deux flambeaux sur pied triangulaire, base découpée et tige à balustre, en cuivre ciselé et doré, avec cariatides et mascarons argentés. xvie siècle.

Haut. 0.350.

354 — Deux lanternes de forme hexagone en fer repoussé et découpé, doré en partie. XVIᵉ siècle.

Haut. o.700.

355 — Deux grands flambeaux en cuivre repoussé et
argenté, à large base, décorés d'ornements rocaille.

Haut. o.28

356 — Grande croix processionnelle en fer, dorée en
partie, avec médaillons repoussés et consoles rap-
portées. Travail espagnol du XVIᵉ siècle.

Haut. 1 m. o8.

357 — Deux buires en bronze du Tonkin, à fleurs en
relief et ornements gravés, dorés en partie.

Haut. o.3o.

358 — Deux petites coupes hémisphériques à trépied,
de même travail.

Haut. o.1oo.

359 — Deux flambeaux persans en cuivre gravé avec
collerette garnie de pendilles.

Haut. o.26o.

36o — Grande buire persane et son bassin en cuivre
jaune.

Haut. de la buire, o.4˙o.
Diam. du bassin, o.42o.

361 — Service à café, de travail oriental, composé d'un plateau rond, d'une cafetière et de six zarfs ou porte-tasses en cuivre argenté, avec tasses de porcelaine.

> Haut. de la cafetière, 0.190.
> Diam. du plateau, 0,280.

362 — Théière chinoise en bronze, en forme de vase à panse carrée et anse formée d'un dragon.

> Haut. 0.190

363 — Coupe ronde unie, en bronze, sur pied mobile formé de branches de pêcher. Travail japonais.

> Haut. 0.010. Diam. 0.180.

BRONZES D'ART

364 — Curieuse fontaine en bronze, formée d'un vase ovoïde, garni de trois anses à cariatides, bustes de satyres, et servant de base à un cheval qui se cabre et qui est monté par un guerrier armé d'une lance. Le cheval et les satyres sont disposés pour lancer l'eau. Cette pièce repose sur une colonne de marbre. Italie, xvie siècle.

> Haut. sans la colonne, 0.530.

365 — Statuette de saint Sébastien martyr, en bronze doré. Elle est placée au centre d'un monument en

bois noir, enrichi d'incrustations de jaspe de Sicile de diverses nuances et garni de quelques ornements de cuivre doré. Travail florentin du xvie siècle.

Haut. de la statuette, o.25o.
Haut. du monument, o.73o. Larg. o. 45o.

366 — Statuette en bronze. — Amphitrite debout sur une sphère, et tenant une draperie simulant une voile. xviie siècle.

Haut. sans le socle en marbre blanc, o,49o.

367 — Statuette en bronze. — Vénus à l'écrevisse. xviie siècle.

Haut. o 28o.

368 — Petit groupe en bronze. — Vénus et l'Amour. xviie siècle.

Haut. o.24o.

369 — Petit buste de Minerve. — Bronze antique muni d'une patine vert foncé.

Haut. o.o75.

370 — Groupe en bronze composé d'une nymphe dansant en jouant des cimbales, et accompagnée d'un enfant satyre debout. xvie siècle.

Hauteur sans le socle [en marbre vert de mer, o.34o.

371 — Figurine de jeune femme nue debout. Bronze du xviie siècle, sur socle en marbre noir.

Haut. sans le socle, o.12.

372 — Figurine d'homme nu debout. Bronze du xvıᵉ siècle, sur socle carré en marbre noir.

Haut. sans le socle, o.135.

373 — Deux figurines en bronze, représentant deux femmes à demi couchées sur des urnes, et figurant deux rivières. Bronzes du xvııᵉ siècle, sur des socles en porphyre rouge oriental.

Haut. o.15o. Larg. o.195.

374 — Deux figurines d'enfants nus debout jouant l'un de la flûte, et l'autre de la mandoline. Bronzes munis d'une patine brune.

Haut. o.185.

375 — Très petite figurine équestre en bronze, guerrier monté sur un cheval ailé au galop. xvıᵉ siècle.

Haut. o.o86. Larg. o.o68.

376 — Figurine en bronze. — Sainte Madeleine assise.

Haut. o.110.

377 — Bas-relief en bronze, doré en partie, représentant le sujet de l'Adoration des mages.

Haut. o.158. Larg. o.125.

378 — Statuette d'écorché assis et se tenant la tête. Bronze du xvıᵉ siècle.

Haut. o.240.

379 — Deux figurines d'amour debout sur socles en marbre.

Haut. sans le socle, 0.160.

BRONZES D'AMEUBLEMENT

380 — Petite pendule du temps de Louis XVI en bronze doré au mat et marbre, composée d'une figurine de Diane assise sur un socle à consoles orné d'appliques, et qui renferme le mouvement.

Haut. 0.370 Larg, 0.260.

381 — Curieuse pendule en bronze doré, composée d'un socle carré à gorge orné de rosaces et de guirlandes de chêne, d'une colonne carrée cannelée placée au centre du socle, et qui supporte une coupe à panse droite formant cadran tournant, et qui est décorée d'une ronde de nymphes en bas-relief; cette pièce sert de base à un Atlas accroupi qui supporte une sphère céleste à fond bleu et figures dorées réservées, qui contient le mouvement et qui est surmontée d'un cadran tournant doré uni, sur lequel les signes du zodiaque ont été rapportés en bronze. XVIIIe siècle.

Haut. 0.710.

382 — Cartel Louis XVI en bronze doré, surmonté d'un vase et orné de branches de lauriers.

Haut. 0.550.

4

383 — Lustre de style Louis XIV en bronze ciselé, à
six lumières, modèle dit de Boulle.

Haut. o.680.

384 — Très petite pendule du temps de Louis XVI,
en bronze ciselé et doré sur socle en marbre
blanc. Elle est ornée et surmontée de trophées
d'armes.

Haut. o.3o.

385 — Deux vases ovoïdes en verre bleu taillé, garnis
d'une monture à anses et couvercle en cuivre
doré. Ces pièces, qui datent du temps de Louis XVI,
forment flambeaux.

Haut. o.280.

386 — Deux flambeaux du temps de Louis XVI, formés chacun d'une figurine de bacchante accroupie,
en bronze vert sur socle en marbre, à tore de lauriers en bronze doré.

Haut. totale, o.345.

MEUBLES EN BOIS SCULPTÉ

387 — Crédence du commencement du xvie siècle, en
bois de chêne sculpté, fermant à deux portes et à
deux tiroirs, décorés de bustes et d'ornements en
relief.

Haut. 1 m. 33. Larg. 1 m. o.7.

388 — Petit meuble crédence en bois de chêne, dont la porte est ornée d'une figurine d'enfant nu debout en haut-relief.

Haut 1.250. Larg. 0.540.

389 — Meuble à deux corps en bois de noyer, fermant à quatre portes et à deux tiroirs, décoré de têtes de chérubins, de mascarons et d'ornements. xvi° siècle.

Haut. 1 m. 90. Larg. 1 m. 28.

390 — Petit cabinet dont les tiroirs sont ornés d'appliques et de figurines en bois sculpté, et dont les boutons sont formés de petites têtes en bronze. xvi° siècle.

Haut. 0.38 Larg. 0.65.

391 — Stalle large en bois de noyer sculpté; le fond est formé d'un panneau à moulures, et ses appuie-bras sont supportés par des balustres tournés. xvi° siècle.

Haut. 2 m. 22. Larg. 0.95.

392 — Meuble à hauteur d'appui en bois sculpté, fermant à une porte ornée d'un mascaron et montants formés de cariatides.

Larg , 0.900.

MEUBLES ET PENDULES

3g3 — Grand et beau bureau à X en marqueterie
d'étain d'écaille et cuivre avec ressauts aux angles
et pieds de lion en bronze doré. Son dessus est
encadré d'un large quart de rond en cuivre. Époque Louis XIII.

Haut. 1 m. 53. Larg. 0.82.

3g4 — Pendule du temps de Louis XIV en marqueterie de cuivre et écaille rouge garnie de bronzes.
Elle est ornée de cariatides aux angles et la porte
est décorée d'une applique à figure de femme et
ornements.

Haut. 0.690. Larg. 0.380.

3g5 — Autre pendule du temps de Louis XIV plaquée
d'écaille et de filets de cuivre richement garnie de
bronze doré, à cariatides aux angles, applique
ornée de trois figures sous le cadran et surmontée
d'une sphère. Mouvement de C. Louzier à Paris.

Haut. 0.680. Larg. 0.400.

3g6 — Beau secrétaire droit du temps de Louis XV
avec porte à abattant en marqueterie de bois de
rose à damier et richement garni de bronzes cise-

lés et dorés dont une partie a été rapportée. Dessus de marbre rouge de Flandre.

Haut. 1 m. 42. Larg. 1 m. 0.2.

397 — Petit bureau bonheur du jour à dos d'âne en
marqueterie de bois à rosaces et feuillages verts
sur fond bois de rose reposant sur des pieds carrés
ornés de draperies en bronze doré. Epoque
Louis XVI.

Haut. 1 m. 170. Larg. 0.650.

398 — Petite table-bureau formant écran en marqueterie de bois et dessus orné d'une corbeille de
fleurs.

Larg. 0.530

399 — Table de nuit du temps de Louis XVI en marqueterie de bois à ornements et à dessus de marbre.

Larg. 0. 460.

400 — Petite table de forme contournée modèle
rognon en marqueterie de bois à damier garnie de
chutes et de poignées en bronze doré.

Larg. 0.550.

401 — Petit bureau d'âtre du temps de Louis XVI en
bois d'acajou et formant écran.

Larg. 0.470.

402 — Coffret oblong en marqueterie d'écaille, cuivre, étain et corne. xviiie siècle.

Long. 370. Larg. 0.250.

403 — Coffret oblong décoré de petits panneaux en bois sculpté et enrichi d'une fine marqueterie à buste d'enfant et ornements. xviiie siècle.

Haut. 0.190. Long. 0.285.

404 — Console-support en bois sculpté à ornements rocaille et fleurs avec rehauts de dorure.

Haut. 0.470. Larg. 0.320.

405 — Beau régulateur du temps de Louis XV, en bois de rose et bois violet, richement garni d'ornements en bronze ciselé et doré.

Haut. 2 m. 10.

406 — Petit bureau à cylindre garni de deux tiroirs en marqueterie de bois à fleurs et ornements. Epoque Louis XV.

Larg. 0.850.

407 — Pendule, forme dite religieuse en marqueterie de cuivre et écaille, première partie, garnie de quelques ornements de bronze. Mouvement de Voisin à Paris. Epoque Louis XIV.

Haut. 0.530. Larg. 0.360.

408 — Deux consoles-appliques du temps de Louis XIV, en bois sculpté et doré, composées de rinceaux, de cariatides et d'une figurine de musicien reposant sur un mascaron.

Haut. Jo.410. Larg. o.33o

409 — Petite table étagère en bois d'acajou sur pieds cannelés et à double tablette d'entre-jambes. Epoque Louis XVI.

Haut. o.920. Larg. o.51o.

410 — Glace avec cadre du temps de Louis XIV en bois sculpté et doré.

Haut. 1 m. o8. Larg. o.92.

411 — Petit cabinet en bois noir fermant à deux portes d'aspect monumental à l'intérieur, avec décor d'or, incrustation de lapis et enrichi de peintures églomisées sur verre à personnages, vases de fleurs et ornements. xvie siècle.

Haut. o.38o. Larg. o.43o.

412 — Grand et beau secrétaire droit du temps de Louis XV, modèle à contours en marqueterie de bois à corbeille de fleurs et ornements. Il est garni de quelques ornements de bronze ciselé et doré et a un dessus en marbre des Pyrénées.

Haut. 1.40. Larg., 1.15.

413 — Colonnette en marbre brèche avec chapiteau corinthien en bronze doré.

Haut. 1 m. 33.

414 — Trumeau de glace avec cadre doré et peinture sur toile, d'après Boucher, représentant un sujet champêtre.

Haut. 1 m. 87. Larg. 080.

415 — Petite cage modèle rocaille et à têtes de chérubins en bois sculpté peint en vert et rehaussé de dorure. Epoque Louis XV.

Haut. 0.540. Larg. 0.270.

416 — Petite table à ouvrage du temps de Louis XVI en bois de chêne à trois tiroirs.

Larg. 0.360.

417 — Trois pièces en laque noir et décor d'or : petit modèle de palanquin et deux boîtes carrées garnies en cuivre gravé et doré.

Larg. du palanqnin, 0,33. Haut. 0.26.

Diam. des boîtes. 0.150.

418 — Table turque à pans incrustée de nacre et d'écaille.

Haut. 0.66.

419 — Deux tables analogues à celles qui précèdent.

Haut. 0.48 et 0.44.

TAPISSERIES

420-424 — Très belle suite de cinq tapisseries de Flandres, représentant des scènes maritimes et champêtres d'après Téniers :

Le retour de la pèche et marché au poisson ; à gauche, bras de mer animé par divers navires ; à droite, entrée de ville.

Haut. 2. m. 85. Larg. 4 m. 85.

La kermesse. — A droite, dans un paysage, une auberge et deux tables de buveurs, ainsi qu'un couple dansant au son de la musette que joue un personnage monté sur un baquet renversé ; à gauche, divers groupes de figures, ainsi qu'un joueur de vielle qu'écoutent cinq enfants debout.

Haut. 2 m. 75. Larg. 5 m. 10.

Paysage en hiver. — Au premier plan, à droite, groupe de divers personnages faisant les préparatifs pour le saignement d'un porc ; au fond, une charrette chargée de bois et traînée par deux chevaux.

Haut. 2 m. 75. Larg. 2 m. 36.

Le repas des chasseurs. — A la porte d'une auberge, quatre chasseurs prennent leur repas sur une table rustique; à gauche, quatre lévriers et leurs piqueurs, l'un d'eux sonnant du cor; au fond, un village et des bestiaux.

Haut. 2 m. 75. Larg. 2 m. 68.

Le repos du berger. — Il est assis au pied d'un grand arbre et tient une flûte à bec; il est accosté par un personnage qui s'appuie sur un bâton. Le paysage est animé par des bœufs paissant. Cette tapisserie est encadrée d'ornements à rosaces et entrelacs.

Haut. 3 m. 07. Larg. 1 m. 53.

425 — Tapisserie gothique représentant un retour de chasse. Un groupe de châtelains se rend à la rencontre de cavaliers et d'amazones dont les chevaux sont richement harnachés. Un cerf est couché sur un des chevaux.

Haut. 2 m. 90 Larg. 3 m. 85.

426 — Autre tapisserie gothique représentant une scène de repas, composition de douze figures en riches costumes de la fin du xvᵉ siècle.

Haut. 2 m. 95. Larg. 3 m. 60.

427 — Très grande tapisserie italienne à sujet biblique, composé de quatre grandes figures, et à large et très riche bordure fond amarante décorée de rin-

ceaux élégants, de mascarons, de figures de génies
ailés et de bustes aux angles. xvıe siècle.

Haut 4. m. 70. Larg. 5 m. 60.

428 — Tapisserie gothique formant tableau, et représentant un groupe de trois personnages en costumes
du xve siècle.

Haut. sans le cadre en bois noir 1 m. 27. Larg. 0.97.

429 — Jolie bande de tapisserie au petit point du
xvıe siècle, représentant une réunion dans un parc.
Les personnages sont vêtus de riches costumes du
temps.

Haut. 0.58 Long. 2 m. 00.

430 — Jolie petite tapisserie gothique décorée de
quatre personnages debout, en riches costumes du
xve siècle, sur un fond de verdure et encadrement
de fleurs.

Haut. 1 m. 30. Larg. 2 m. 05.

431 — Tapisserie gothique à figures dans un paysage.
Pâtre entouré de ses moutons et jeune femme de
qualité donnant la main à un vieillard. Dans le
haut, un cartouche à fond rouge portant une
inscription latine.

Haut. 2 m. 40. Larg. 2 m. 75.

432 — Autre tapisserie gothique décorée d'animaux,
dans un paysage avec balustrade au premier plan.
Le ton général est verdâtre.

Haut. 2 m. Larg. 2 m.

433 — Tapisserie verdure, encadrée d'une moulure ornée.

434 — Écran en tapisserie au point à figures et fleurs en couleurs sur fond noir. Monture en bois sculpté. Époque Louis XV.

Haut. 1 m. 04. Larg. 0.740.

435 — Petit panneau de tapisserie d'Aubusson représentant l'entrée d'un port de mer, avec figures costumées à l'orientale. Époque Louis XV.

Haut. 1 m. 45. Larg. 1 m. 65.

436 — Petit panneau de tapisserie représentant une femme en riche costume du xviie siècle.

Haut. 1.55. Larg. 0.85.

ÉTOFFES ET TAPIS

437 — Deux jolies bandes de velours vert avec applications et riches broderies à ornements et feuillages, xvie siècle.

Long. totale 3 m. 17.

438 — Tapis d'Orient en velours noir brodé en soie de couleur et or à fleurs, oiseaux et ornements.

Long. 1 m. 35. Larg. 1 m.

439 — Tapis en velours oriental à dessin vert et ponceau sur fond jaune. Il est garni d'une longue frange.

Long. 1 m. 58. Larg. 1 m. 27.

440 — Tapis en velours à parterre grenat ton sur ton garni d'une longe frange.

441 — Lot de velours de Gênes à riche dessin vert à fleurs et rinceaux sur fond jaune.

Long. 6 m. 50 environ.

442 — Etendard formé d'une étoffe lamée d'or encadrée de velours grenat. Il est attaché à la hampe d'une hallebarde gravée, de travail allemand du xvi⁰ siècle.

443 — Ancien tapis d'Orient à fond rouge et bordure à médaillon à fond blanc.

Long. 2 m. 90. Larg. 1 m. 44.

444 — Autre ancien tapis persan à fond rouge et riche dessin polychrome.

Long. 2 m. 0.6 Larg. 1. m. 80.

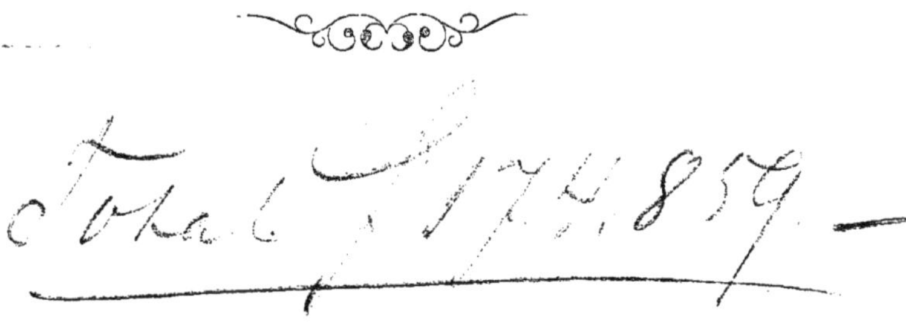

www.ingramcontent.com/pod-product-compliance
Ingram Content Group UK Ltd.
Pitfield, Milton Keynes, MK11 3LW, UK
UKHW031843170726
13836UKWH00004B/1847